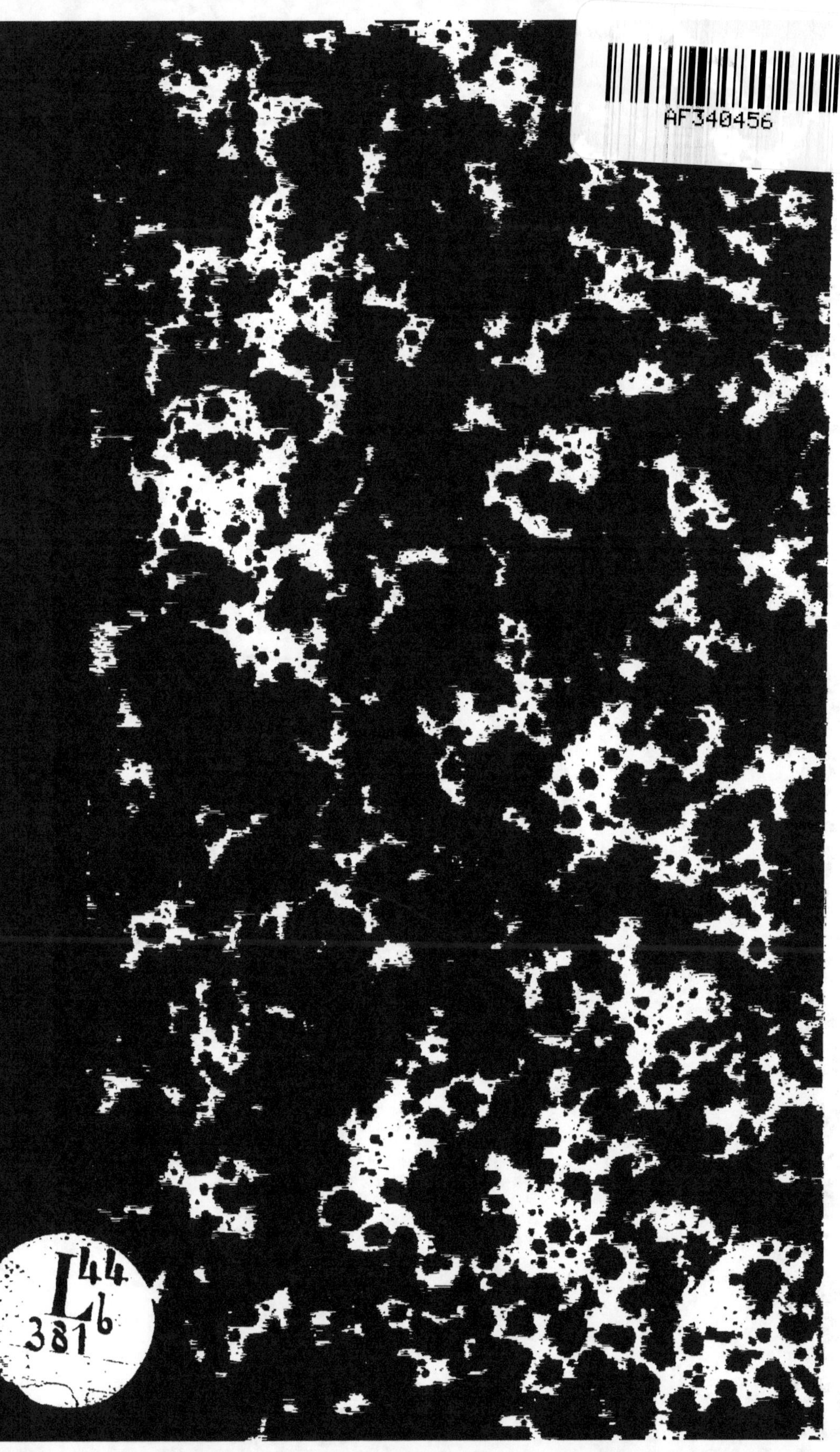

# L'ANTIDOTE.

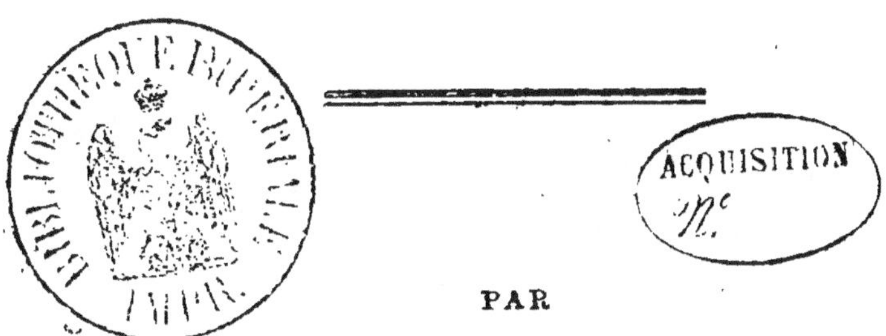

PAR

## UN SUJET

### DE SA MAJESTÉ BRITANNIQUE.

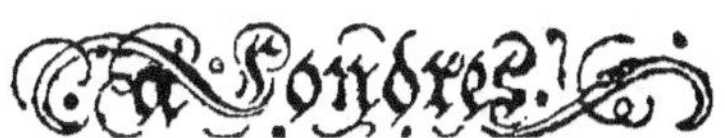

DE L'IMPRIMERIE DE W. SPILSBURY, 57, SNOWHILL.

ON SOUSCRIT CHEZ MESSRS. DULAU ET CO. SOHO-SQUARE;
DEBOFFE, GERRARD-STREET; DECONCHY, BOND-STREET;
ET ALICI, LIBRAIRE, PETERSBOURG.

1804.

# PRÉFACE.

CE qu'on va lire est destiné à servir d'Introduction à quelques Essais, dans lesquels on se propose d'examiner la nature du pouvoir qu'exerce M. Bonaparte, et les conséquences probables de sa durée, par rapport aux lois, aux mœurs, et à la civilisation de la France et du reste de l'Europe.

Le nombre de ces Essais n'est pas déterminé ; leur étendue, et l'époque de leur publication, ne sont pas fixées : on croit seulement prévoir que chaque Numéro contiendra à-peu-près trois feuilles d'impression, semblable à l'Avant-Propos : il en paraîtra un dans le courant de chaque mois, à dater du mois de Janvier prochain, s'il se trouve un nombre de Souscripteurs suffisant pour défrayer la dépense. On ne s'engage que pour un Numéro à la fois, et la durée de nos travaux sera réglée par l'opinion qu'on formera de leur utilité.

Il nous reste à dire un mot de cet Avant-Propos : en lui donnant plus d'étendue que n'en comporte ordinairement ce genre d'écrits, nous avons voulu prendre occasion de faire juger nos principes politiques et notre manière de les exprimer. Sans autre recommantion, nous, abandonnons tel quel, au jugement du Public.

# L'ANTIDOTE.

## AVANT-PROPOS.

FRAPPÉS des avantages que donne à l'ennemi l'universalité de la langue Française,
dans une guerre d'opinion, nous avons cru
pouvoir emprunter de lui une arme qui lui
a été si utile : si notre peu d'habitude à la
manier ne trahit pas nos espérances, nous
pourrons peut-être contribuer à dissiper le
nuage d'erreur dont il marche accompagné.
Eclairés sur leurs véritables intérêts, les
Français pourront apprendre à se pardon-
ner, à se réunir, et à s'entendre ; les Princes
que le gigantesque pouvoir du tyran glace
d'effroi pourront se rassurer en jettant les
yeux sur un portrait fidèle dépouillé de ses
attributs de terreur : ceux même d'entre les

B

Rois que ses calomnies multipliées ont le plus indisposés contre l'Angleterre, découvriront le motif secret de cet acharnement particulier; ils appercevront aisément que c'est la crainte de les voir se joindre à nous pour venger la querelle commune des Souverains légitimes qui excite son animosité; c'est-là ce qui inspire ces déclamations vagues contre notre ambition dont l'Europe retentit. Mais, qu'entend-on par ambition?

Tel homme possède d'immenses richesses; il emploie néanmoins tous les moyens légitimes de les augmenter; il a cultivé, embelli l'héritage de ses ancêtres, il ne peut en reculer les bornes : mais il a des possessions éloignées, qui ajoutent encore à ses revenus; il montre cependant au sein de l'affluence l'industrieuse vigilance de la médiocrité. Cet homme, sans doute, est ambitieux : mais ses amis, ses voisins sont riches de sa fortune; souvent même son ennemi éprouva sa générosité; (*) et son ambition est presqu'aussi utile aux étrangers qu'à sa famille.

---

* Encore à présent les vignobles de France sont en grande partie cultivés à l'aide des avances faites par les négocians Anglois.

Près de lui existe un homme d'un caractère bien différent. Des brigands ont mas-
sacré le propriétaire d'un domaine jadis floris-
sant, ils ont mis celui-ci en possession du
sanglant héritage, il est leur chef. Il ne cul-
tive pas, il ravage au loin et moissonne le
champ qu'un autre a ensemencé ; il a, pour
s'agrandir, détruit le palais du riche et la
chaumière du pauvre ; l'or qu'il se procure
est teint de sang ou mouillé de pleurs : il
n'a pas d'amis, ses voisins tremblent et le
maudissent : cet homme aussi est ambitieux.
Mais doit-on confondre ces deux caractères ;
et dans le choix d'un allié peut-on balancer
entr'eux ?

Les Rois balancent cependant entre l'Angleterre et la France, pour se justifier d'avoir
souffert l'asservissement du Continent ; ils
feignent d'appréhender le despotisme des
mers. " Prenez garde," disoit-on aux
Athéniens, " que le soin du ciel ne vous fasse
" perdre la terre ;" avis inutile : de tout tems
les hommes ont sacrifié la réalité à des
chimères, et de tout tems leur raison com-
plaisante a mis un voile entre eux et le précipice ouvert sous leurs pas. Dans cet aveugle-
ment, le présent paraît sans avenir ; le sou-

venir du passé s'efface et se perd, et ce n'est que de cette manière qu'on peut se rendre compte de la crainte qu'excite l'ambition de l'Angleterre contrastée avec celle de la France.

Eh ! supposé que nous fussions disposés à abuser de notre supériorité sur mer, le danger qui menacerait alors le Continent est-il donc de nature à pouvoir être comparé aux calamités que lui fait éprouver la destructive ambition de notre ennemi ? Que sont des disputes de commerce au bouleversement des empires ? On craint de notre part une rivalité d'industrie, tandis qu'un tyran en dessèche la source en Europe, et trafique de l'existence même des peuples. Qu'on jette les yeux sur la Hollande, notre ancienne rivale, naguères si commerçante, et qu'on se demande si tous les fléaux réunis de la guerre navale la plus désastreuse, suivie du traité le plus tyrannique, l'eussent jamais réduite à l'état dans lequel l'a plongée la funeste amitié de la France ? Ce pouvoir déjà si oppressif est cependant le seul qui profiterait de nos revers, et s'agrandirait de nos pertes. Quel seroit alors le sort des Princes auxquels notre puissance fait le plus d'ombrage ?

Quel eût-il été depuis long-tems, si nous eussions permis au génie révolutionnaire de planer sur les mers? La flamme qui a ravagé les pays les plus voisins de la France, eût été également portée aux rivages les plus éloignés; et tel Souverain qui hésite maintenant sur le choix d'un allié, eût pu recevoir des lois dans sa capitale en cendres.

Ces réflexions si naturelles trouvent rarement place dans les cabinets, même les moins soumis à l'influence de M. Bonaparte, parce que malheureusement l'envie qu'excite notre prospérité, nous fait souvent des ennemis cachés de ceux qui la partagent. C'est notre industrie qui donne une valeur aux productions de la plupart des pays de l'Europe : notre commerce les fait circuler dans les deux mondes, nous les payons même d'avance ; et nos capitaux ont ainsi créé et continuent à alimenter l'industrie de plusieurs peuples : c'est à nous qu'ils doivent en grande partie les progrès de leur agriculture, et conséquemment de leur population et de leur puissance, quelques-uns même de leur civilisation ; et malgré ces services essentiels, on paraît ne vouloir pas appercevoir que la chûte du pouvoir de l'Angleterre (si cette chûte étoit possible) entraînerait une ruine universelle. Nul peuple ne pourrait nous remplacer dans la grande société, Européenne; nos dépouilles qu'on se partage d'avance, n'en fourniraient même pas les moyens: nos capitaux disséminés perdraient l'influence que leur donne leur masse; le crédit qui les multiplie se dissiperait comme un ombre; ce qui resterait de nos richesses après les dilapidations inévitables, recevrait des nouveaux possesseurs une impulsion analogue à leurs mœurs; l'industrie serait négligée, mais le vice serait soudoyé et le crime récompensé; et ce qui dans nos mains contribue à enrichir et à civiliser l'Europe, servirait dans les leurs à l'asservir encore davantage, et à la faire rentrer dans la barbarie. La malheureuse Hollande peut encore nous servir d'exemple. —Ses capitaux et son industrie, perdus pour le reste de l'Europe, ont-ils été du moins utiles à la France? Non: tout ce que le tourbillon attire doit éprouver le même sort. La masse énorme des biens nationaux, les dépouilles de la plus belle partie de l'Europe, tout a été englouti avec ses possesseurs, et des chiens dévorans se disputent les ossemens restés sur les bords du gouffre.

Nous pouvons calculer sans inquiétude les conséquences d'un événement que nous sommes loin d'appréhender : l'issue de la lutte quant à ce qui nous intéresse immédiatement, ne saurait être douteuse ; mais il ne nous est pas permis d'espérer que l'affranchissement du Continent puisse être l'ouvrage de l'Angleterre seule. Le sort des dernières coalitions n'est pas de nature, il est vrai, à recommander de nouveau une mesure semblable; et la maxime célèbre, que *les grandes Puissances s'affaiblissent en s'unissant*, paraît, aux esprits encore effrayés, une vérité devenue incontestable. Si cependant on voulait écarter les préjugés anciens et nouveaux sur les ressources de la France révolutionnaire, et examiner celles qui restent encore à M. Bonaparte, peut-être appercevrait-on avec nous que son audace sert à couvrir le secret de sa faiblesse. Pour justifier cette opinion, ou du moins pour donner à juger jusqu'à quel point elle peut être fondée, nous nous permettrons quelques observations sur l'état de son armée et de ses finances,* seuls appuis d'un pouvoir usurpé.

M. Bonaparte se fait grand de la renommée des armées républicaines, mais ces armées n'existent plus ; de cette multitude de soldats qui les composaient, il ne reste même pas un nombre de vétérans proportionné aux pertes d'une guerre ordinaire. A l'ombre de ces glorieux débris un gouvernement régulier répare · ordinairement ses forces ; mais chacun sait avec quelle insouciance les généraux Français prodiguaient la vie du soldat, et négligeaient sa santé et ses blessures. M. Bonaparte a considérablement diminué les faibles restes de ces braves échappés à tant de périls, même depuis qu'il ne les commande plus en personne. L'armée entière qu'il avait suivie plutôt que menée à la victoire, en Italie et en Egypte, avait à se plaindre de sa cruauté et de sa lâche désertion ; leurs plaintes sont ensevelies dans les mornes de St. Domingue. Quelques individus choisis dans toute l'armée pour leur dévouement

----

* Nous demandons pardon d'avance de l'ennui que ces détails peuvent occasionner, sur-tout ceux qui ont rapport aux finances : nous les avons abrégés autant qu'il nous a été possible.

et leur audace, des guides, des Mamelucks, des Italiens, peuvent bien écarter de lui le fer de l'assassin; mais les satellites d'un tyran n'ont jamais fait la force d'un Etat; leur nombre n'indique que les craintes de leur maître et le mécontentement des peuples.

Il se trouvera sans doute, dans l'armée que M. Bonaparte pourra d'abord opposer aux Rois, un certain nombre d'hommes qui, élevés dans le camp, le regardent comme leur seule patrie, et qui joignent au courage, l'insouciance que donne l'habitude du danger. Mais le mécontentement et le dégoût se sont plusieurs fois manifestés parmi ces anciens volontaires de la République; et dans les corps les plus favorisés, plusieurs vétérans en contemplant leurs blessures se rappellent que ce n'était pas pour devenir les satellites de leur égal qu'ils s'y étaient exposés.* Les généraux qu'il a cru s'at-

---

* Quiconque aura conversé familièrement avec les soldats de la garde sera convaincu de ce que nous avançons. Ils n'ont point oublié le *milliard* en fonds de terre qu'on leur a promis. Un grenadier de ce corps auquel on vantait sa brillante situation, à-peu-près deux mois avant cette guerre, découvrit sa

tacher doivent, en tems de guerre, devenir les objets de sa jalousie et de ses craintes; leur droit au premier rang est le même que le sien; leurs victoires augmenteront leur popularité, tandis qu'il partagera la honte de leurs défaites. Les dignités qu'il leur a conférées leur ont donné de nouveaux intérêts à défendre : il a imprudemment rappellé le souvenir des anciens titres; et dans l'opinion de ceux même qui les ont reçus, le pouvoir qui les créa peut seul les confirmer.* Le fameux Duc de Mayenne, chef de la Ligue, faisait aussi des Maréchaux de France. " Vous faites là," lui dit Chanvalon, " des bâtards " qui se feront légitimer à vos dépens :" et l'expérience prouva que Chanvalon avait raison.

---

poitrine et ses bras couverts de cicatrices. " Voyez-vous, " citoyens," dit-il; " nous sommes tous comme çà, et nous " n'étions pas f— pour faire ici le pied de grue. On nous " avait promis que nous serions tranquilles *cheu* nous : " avec *leu* parades ils se f—t—t de nous."

Cet homme avait à-peu-près 35 ans.

* Une circonstance assez singulière, c'est que depuis que la république n'est plus, les militaires qui ont servi la monarchie en prennent occasion de se faire valoir: quelques généraux ont même conservé leurs anciens uniformes, et les montrent avec complaisance.

Il nous reste à parler des malheureux conscrits : la sévérité des peines contre la désertion,* atteste leur répugnance à servir ; et
les efforts que fait le gouvernement Français
pour lever des troupes étrangères de toute
description† prouve assez que ces peines
même ne peuvent forcer le plus grand
nombre à obéir : et que serait-ce dans le cas
d'une guerre continentale, sans même supposer une campagne très-malheureuse ?

Que deviennent, d'après cela, ces relevés
pompeux d'une immense population dont on
ne peut disposer ? Et c'est ici qu'il faut se
donner le spectacle du pouvoir militaire de
la République éphémère comparé avec celui
du nouvel Empire.

Parmi les défenseurs de la République les
uns étaient animés par l'enthousiasme de la

---

* On punit comme *déserteurs* ceux qui refusent ou évitent
de joindre.

† Ils ont même levé des corps de *nègres*, indépendamment
d'une compagnie de sappeurs, etc. par demi-brigade : il y a
plusieurs bataillons de cette couleur ; on a *vu* des villes
importantes dans l'intérieur n'avoir pas d'autre garnison. Si
nous ne nous trompons, il y en a deux bataillons à Mantoue
dans ce moment.

liberté si énergique et si aveugle ; les autres étaient excités par l'ambition, et encouragés par l'avancement rapide des premiers aventuriers : le plus grand nombre avaient reçu l'impulsion de la terreur, la famine et le fer les poursuivaient dans leurs foyers ; dans l'horrible confusion ils ne pouvaient appercevoir distinctement la cause immédiate de leurs maux : on leur avoit persuadé que l'anéantissement de la France étoit déterminé, l'ennemi était en présence, ils remettaient la vengeance au lendemain de la victoire. Contre un peuple tout entier animé par de tels sentimens que pouvaient le courage et la prudence ordinaires ?

Aujourd'hui l'enthousiasme a disparu avec l'ombre de la liberté : tous les nœuds qui attachaient le soldat à sa patrie sont rompus ; elle est devenue le patrimoine d'étrangers. Si le vétéran rappelle son ancienne bravoure, ce n'est que pour soutenir sa propre réputation : l'ambition même n'a plus de place dans son âme, et l'établissement d'un nouvel ordre de favoris privilégiés a éteint toute autre émulation que celle de l'intrigue. La discipline militaire forme, à la vérité, un lien d'habitude ; mais le sentiment du devoir, qui en fait la principale force, ne saurait exister dans l'armée de M. Bonaparte. A quels devoirs en effet peut prétendre un homme qui a trahi tous les siens, dans ce siècle surtout, et chez un peuple qui naguères a lui-même foulé aux pieds les devoirs les plus sacrés pour recouvrer je ne sais quels droits, dont l'usurpateur le dépouille, après quinze années de crimes ? Tel est le moral de l'ancien soldat de la République. Quant aux conscrits, un seul mot suffira : qu'on leur fournisse l'occasion de quitter avec impunité des drapeaux qu'ils suivent par force.

Cette armée, telle qu'elle, attaquée loin de ses foyers, se croira néanmoins obligée de maintenir l'honneur national contre un ennemi qui laissera à M. Bonaparte l'inestimable avantage de confondre sa cause particulière avec celle de la France ; et on a commis une faute semblable à toutes les époques de la révolution. Il conviendrait peu de détailler ici les moyens que nous croyons propres à l'éviter, et à donner au soldat Français l'occasion de développer des sentimens réels ; mais nous affirmons, sans crainte d'être contredit, qu'ils sont tels que nous les avons représentés dans toutes les classes de l'armée, excepté peut-être parmi les guides et les Mamelucks.

D'après le caractère bien connu de M. Bonaparte, il n'est personne qui doute, que pour ranimer l'esprit de l'armée ou la recruter il n'eût volontiers recours à la *terreur*, ce grand moyen révolutionnaire, s'il lui étoit possible de s'en servir avec succès ; mais les temps ne sont pas les mêmes. Le despotisme qu'il exerce est d'une nature bien différente du despotisme populaire : en s'élevant il s'est isolé ; il s'est rendu seul responsable de tous les crimes, de toutes les fautes, de tous les malheurs de son gouvernement. Il ne sçaurait se servir des fureurs du peuple, sans lui rendre le pouvoir dont ses intrigues l'ont dépouillé. La terreur est en outre un sentiment passager, mêlé d'ignorance et d'étonnement : un objet qu'on connaît distinctement, et avec lequel on s'est familiarisé jusqu'au mépris, ne peut l'exciter. La crainte qu'inspire sa cruauté est mêlée d'indignation, et c'est ce dernier sentiment bien publiquement manifesté qui a arrêté le cours des vengeances particulières du meurtrier du Duc d'Enghien : c'est en-

core ce sentiment d'indignation qui a mis
fin si promptement au système de réquisition qu'il croyoit pouvoir établir d'après
l'exemple de ses prédécesseurs. Le Français
verra sans murmurer M. Bonaparte s'em-
parer de l'inique fortune des nouveaux
riches, mais il ne se laissera pas impunément
dépouiller des débris qu'il a sauvés, et l'u-
surpateur a éprouvé que la terreur lui était
encore inutile comme ressource de finance.
Ceci nous conduit au second examen que
nous avons annoncé.

Pendant la révolution le peuple Français
a été peut-être encore plus prodigue de ses
biens que de son sang :* mais si la généra-

---

* Il est aisé de remarquer dans la population de la France,
sur-tout dans les campagnes, le vuide occasionné par la perte
de la classe qui formait la réquisition ; & maglré ce grand nombre de bras enlevés à l'agriculture, le prix du travail agricole
est bien moindre qu'en 1789, ce qu'il faut attribuer unique-
ment au manque de capitaux suffisans pour employer ce qui
reste de laboureurs. Il n'en est pas de même dans les manufactures ; les faibles capitaux qu'elles employent sont encore
trop forts pour le nombre d'ouvriers qu'on peut se procurer,
parce qu'il ne s'en est formé aucun pendant la révolution ;
aussi le prix de ce genre de travail a-t-il considérablement
augmenté. On peut remarquer en passant la sagacité de
M. Bonaparte, qui choisit un moment semblable pour essayer
d'exclure nos manufactures du marché Européen.

tion nouvelle peut réparer en partie les pertes de la population, les capitaux dissipés n'ont pas laissé de germe qui puisse les reproduire. Dès la fin du gouvernement directorial il était convenu de toutes parts que la France était hors d'état d'entretenir les armées nécessaires à sa défense : depuis l'avénement de M. Bonaparte d'habiles administrateurs ont, il est vrai, mis de l'ordre dans les finances, et ont porté les taxes au plus haut point que le peuple puisse supporter, sans cependant créer ou découvrir de nouvelles ressources. Sous un gouvernement stable et régulier, leurs travaux secondés d'une longue paix eussent aisément rendu à la France une partie de son ancienne prospérité; mais l'inconcevable extravagance de l'homme qu'ils servent a rendu leurs efforts inutiles; et la guerre avec l'Angleterre, en occasionnant la perte des capitaux destinés à raviver l'industrie, a mis un terme même à leurs espérances.

En jettant les yeux sur le *Budget* que M. Gaudin, ministre des finances, présenta aux consuls au commencement de l'an 11, et qu'on peut regarder comme un modèle à suivre jusqu'à ce qu'on ait découvert de nouvelles sources de revenu, on apperçoit aisément* que même en tems de paix la recette n'égalait les dépenses avouées qu'à l'aide de certains articles qui n'appartiennent pas proprement au revenu de la France, et qu'il faut considérer comme ressources extraordinaires ou casuelles. Tel est d'abord un article de 20 millions sous le titre singulier de *recette extérieure*, que nous examinerons ailleurs. Il faut ensuite retrancher des *produits* du domaine, le montant des ventes de biens nationaux, qui ne peut être considéré comme *revenu*, mais doit être regardé comme un fonds pris sur les ressources extraordinaires.

M. Gaudin ne spécifie pas pour combien les ventes doivent entrer dans le produit de la régie du domaine ; nous supposerons une somme de 45 millions égale au produit des ventes de l'année précédente†. En cal-

----

* Voyez l'Appendix.

† Pas tout-à-fait égale : les ventes de l'an 10 ont produit 45,579,472 ; celles de l'année précédente s'étaient élevées à 138,572,239, qui avaient diminué le *revenu* du domaine dans les fermages et loyers de 6,250,905. (Voyez *Administration des Finances de la République*, an 9, état cot. E, et an 10, cot. G).

C

culant ensuite les branches de revenu qui, de l'aveu de M. Gaudin, ont dû leur amélioration à la paix, telles que les douanes et les postes*, d'après ce qu'elles ont produit la dernière année de la dernière guerre; enfin, en retranchant quelques articles évidemment particuliers au service de l'an 11, (voyez l'Appendix), on trouvera, dès la première année, un déficit d'à-peu-près 95 millions dans le *revenu*.

Il faut observer ici que nous ne calculons de diminution que dans les branches de revenu immédiatement affectées par la guerre avec l'Angleterre. Il serait raisonnable cependant de compter sur une diminution considérable dans le produit des impositions directes, et dans celui des taxes indirectes qui portent sur le commerce et sur les mutations de propriété: les premières pesaient si fort sur le peuple, malgré les facilités que lui donnait alors la paix, que le Ministre avait lui-même proposé de les diminuer;† et il avoue ail-

---

* Voyez *Administration des Finances de la République*, Exercice de l'an 10, pages 27 et 29.

† Voyez *Administration des Finances*, chapitre 7, Budget de l'an 12. Lorsque le Ministre faisait cette proposition,

leurs que le court intervalle de tranquillité, en ranimant l'industrie, avait considérablement augmenté le produit des autres.* L'article des recettes est, comme on peut bien l'imaginer, scrupuleusement balancé par la liste des dépenses *avouées*. N'ayant pas de données certaines, nous n'ajouterons à cette liste officielle ni les frais de la guerre contre nous, ni la profusion des Bonapartes : le montant de ces deux articles réunis doit être ajouté au déficit de 95 millions. Nous abandonnons ce calcul à *l'imagination* de nos lecteurs, pour passer à l'examen des ressources extraordinaires que la France possède en elle-même.

L'état des biens nationaux les comprend toutes ; et nous le transcrivons ici tel qu'il a été présenté par M. Gaudin en exécution d'une loi ou d'un ordre.

---

l'intérêt de l'argent était au *tiers* de ce qu'il est maintenant ; et telle était néanmoins la gêne du peuple, que ces contributions se payaient *par mois* à peine d'exécution militaire ; et pour exciter les receveurs à poursuivre, on leur faisait souscrire d'avance des billets pour le montant calculé de leur recette et payables également chaque mois.

* Voyez *Administration des Finances*, serv. de l'an 10, page 24.

*Résumé des États de consistance des Biens nationaux dans les divers Départemens de la République, au 1ᵉʳ Vendémiaire, an 10.**

<table>
<tr><td>Biens ruraux (valeur en capital en 1790)</td><td></td><td>277,400,000ᶠ</td></tr>
<tr><td>Bâtimens, maisons et usines,</td><td>168,500,000ᶠ</td><td></td></tr>
<tr><td colspan="3" align="center">À DÉDUIRE,</td></tr>
<tr><td>Pour les maisons affectées à un service public, environ . . . . . . . . . . .</td><td>100,000,000.</td><td></td></tr>
<tr><td>Reste qui peut être aliéné</td><td>68,500,000.</td><td>68,500,000</td></tr>
<tr><td align="center">TOTAL GENERAL . . . . . . . . . . .</td><td></td><td>345,900,000</td></tr>
</table>

Telle était donc au commencement de l'an 10 la valeur totale des biens nationaux:† les ventes de cette année même les ont diminués de plus de 45 millions et demi; et des 300 millions qui reste, il faut distraire les ventes faites depuis, les bâtimens affectés au culte rétabli, les parcs et palais de l'Empereur, Princes et

---

* Voyez *Administration des Finances de la République,* page 91.

† Nous supposons ici, ce que personne n'a avancé, que tous les effets publics reçus en payemens des domaines étaient à cette époque rentrés au trésor public: mais comme un bon décret bien juste suffit pour les annuller, la supposition est sans conséquence.

Princesses ; les hôtels et châteaux donnés aux nouveaux fonctionaires, les fondations politiques et militaires, telles que la légion d'honneur et les sénatoreries : les biens fonds consacrés à ce dernier établissement seul s'élèvent à 100 millions. Ce qui reste, comparé au déficit, aux profusions, aux dépenses de la guerre, ne peut être considéré que comme une ressource purement illusoire ; c'est cependant la seule, nous le répétons ici, qu'un pays épuisé et mécontent offre à l'usurpateur qui l'opprime : mais il sçait bien y suppléer.

La terreur bannie de la France règne sur le reste du continent, elle prête naturellement son appui à l'héritier du Jacobinisme, et le Français sert des fureurs dont il n'est plus l'objet. Tandis que les gardiens du Continent sommeillent, les moindres puissances dénuées d'appui sont réduites à chercher un protecteur parmi les vices du tyran, et ce n'est qu'en gratifiant sa rapacité, qu'elles se mettent à l'abri de sa fureur.

Telle est la nature de cette *recette extérieure* dont nous avons parlé ; ils erait difficile d'en calculer exactement le produit : ces marchés humilians et iniques entre la faiblesse et l'audace se concluent dans l'ombre des cabinets ; on croit sçavoir seulement que, du consentement même de l'Angleterre, l'Espagne et le Portugal payent annuellement une somme de 90 millions*; il est probable que les autres Etats contribuent dans des proportions plus ou moins inégales. Ces tributs réglés forment une branche fixe et certaine de cette recette ; le reste est plus casuel, et dépend en partie de l'industrie des financiers révolutionnaires ; mais aussi cette industrie embrasse une multitude d'objets, et n'en dédaigne aucun ; provinces, villes, royaumes, colonies, dignités, tout est à prix d'argent ; l'iniquité de ce honteux trafic cimente l'union des parties contractantes, et M. Bonaparte trouve parmi quelques Princes du Continent la même avidité que Robespierre rencontra parmi les acquéreurs de biens nationaux. A ces brigandages déguisés sous les mots de traités, échanges ou indemnités, il faut joindre les

---

* Nous aurons probablement occasion de revenir sur ce sujet, et c'est ce qui nous empêche de nous étendre davantage maintenant.

contributions levées militairement et à force ouverte dans tous les pays sans distinction où les armées Françaises peuvent s'introduire sous quelque prétexte, ou dont elles peuvent seulement approcher. Chose étrange! L'Europe maintient ainsi le tyran qui l'opprime, et les troupes qui la ravagent sont à sa solde! Déjà les contrées les plus voisines de la France sont aussi épuisées; l'Empereur trouve à peine à glaner dans ces champs désolés: les ministres de ses rapines sont obligés de s'écarter et se répandre au loin en cherche de leur proie; ils ne peuvent pas toujours prélever la part du maître, mais ils ont du moins vécu aux dépens d'autrui en attendant de plus riches dépouilles.

On sent assez combien un *revenu,* déjà si précaire, le deviendrait davantage dans le cas d'une guerre continentale; le théâtre où l'usurpateur exerce ses brigandages serait resserré, ses tributaires, encouragés, éluderaient des demandes qu'ils espéreraient pouvoir à la fin refuser impunément: privé de ces secours étrangers, il lui serait absolument impossible d'entretenir sur pied son armée, lui fût-elle même dévouée; et qu'on se rappelle ici ce que nous avons dit plus haut du soldat Français; qu'on songe au ressentiment des peuples forcément alliés ou réunis, qui tous également outragés, dépouillés, asservis, attendent le signal de leur délivrance. Peut-on douter un instant que ces malheureux, tourmentés de passions haineuses, n'accueuillissent avec transport le présage de la paix et du bonheur qui les fuyent depuis quinze anneés? Qu'on leur offre un signe de ralliement auquel ils ne puissent se méprendre; que pressé au loin de toutes parts l'usurpateur doute où le coup doit tomber, et tremble pour ses injustes conquêtes, qu'en même temps une main généreuse relève le Lys abattu et froissé par la tempête, et protège un instant sa faiblesse, les Français feront le reste :* ce n'est qu'à eux qu'il appartient de relever le trône d'Henry IV. et d'y replacer ce symbole d'honneur et de loyauté.

---

* Depuis le commencement de la Révolution des hommes crédules, et des hommes qui trafiquent de la crédulité des autres, ont, il est vrai, annoncé chaque année ce que nous avançons ici : malgré l'espèce de défaveur que cette circonstance jette sur notre opinion, nous croyons fermement, et nous répétons hardiment, que pour la seconde fois le moment semble favorable pour rétablir l'ordre en France : la première occasion s'offrit vers la fin du Gouvernement Directorial; on ne sut pas alors en profiter : mais c'est autre chose.

Que si la grandeur apparente de M. Bonaparte empêche au premier coup-d'œil d'ac-
cueillir cet heureux pronostic, qu'on réflé-
chisse à la nature de son pouvoir : qu'y-a-
t-il au monde de plus précaire, de plus
mal-aisé à retenir, qu'une puissance fondée
sur des systêmes récens, et qui a usé elle-
même l'opinion qui lui servait d'appui ?  La
pierre détachée de la montagne suffit pour
briser la base fragile du colosse.  Mais
encore, faut-il qu'une main vengeresse lui
imprime le mouvement ?

Les Rois seraient, sans doute, les plus in-
téressés à voir renverser ce trône de révolte,
élevé contre leurs trônes légitimes ; mais
ceux même, qui supérieurs à la crainte et à
l'envie sembleraient les plus disposés à se
joindre à nous, ensevelis dans une fausse sé-
curité, regardent le règne de l'usurpateur
comme un mal passager dont ses propres fureurs avanceront le terme.  Est-ce donc un mal
passager que la dévastation de la moitié de
l'Europe ?  Croit-on en outre que l'influence
du systême révolutionnaire dépende unique-
ment de l'existence de M. Bonaparte ? L'idole
fût-elle brisée demain, la tourmente a jetté
sur le rivage de nombreux soliveaux prêts à

recevoir du ciseau de l'ouvrier un droit égal aux adorations de la populace. Qu'y gagnerait-on ? Une troupe nouvelle, affamée, remplacerait celle que quatre années de brigandage ont gorgée de richesses. N'ayant encore rien à perdre, ils auraient même moins de ménagemens à garder.

Ce n'est pas l'homme qui est ici redoutable, c'est le parti auquel il doit son élévation qu'il faut craindre ; et ce n'est qu'en étouffant l'hydre que l'Europe assurera sa tranquillité. Encore, ces attaques à force ouverte sont-elles les moindres calamités que lui prépare la France révolutionnaire. La France est le berceau d'une *secte* triomphante jusqu'à ce jour qui menace de détruire indistinctement toutes les institutions qui existent, pour cela seulement qu'elles ont existé : assemblage énorme de fureur et d'hypocrisie, d'ambition et de bassesse, de frivolité et de cruauté ! Les vices sont les mœurs de ces sectaires, et tout ce qui est corrompu en Europe leur est dévoué ; toute trahison secrette envers les Rois obtient de leur chef un prix proportionné, et la plus haute faveur devient la récompense du misérable qui ose être publiquement infâme avec intrépidité ; c'est-là le sceau de leur initiation.

Nous sçavons bien qu'on s'écriera :  " Cet " odieux systême n'est plus celui de la France " régénérée ;  ces reproches ne conviennent " pas au nouvel ordre des choses ; la révolution " est finie." Si l'on entend par-là que ceux qui maintenant oppriment la France* ont atteint le but où tendaient tous leurs crimes, certes on a raison :  mais la révolution est-elle finie pour le reste des Français, est-elle finie pour l'Europe ? Depuis l'avénement de M. Bonaparte, le droit des gens a-t-il été plus respecté, les faibles puissances moins opprimées, les rois moins insultés, leurs peuples moins sollicités à la révolte ?  L'Europe n'a-t elle pas chaque jour de nouveaux forfaits à déplorer ?  Et cependant la patience des Souverains leur fait regarder chaque outrage de M. Bonaparte comme le dernier !  Son dernier crime ne précédera sa perte que d'un instant :  son pouvoir ne se soutient en France que par la terreur qu'il inspire au Continent, et tous

---

* Tous les partis qui ont successivement triomphé dans la révolution, ont uniformément proclamé que la révolution était finie, lorsqu'ils se sont saisis du pouvoir.

les crimes qui peuvent entretenir ou augmenter ce sentiment font nécessairement partie de son systême politique. A cette raison d'état se joignent les passions de l'homme : le parvenu se venge du mépris qu'il éprouve, ou même qu'il soupçonne, et il offre à ses sujets moqueurs quoique asservis l'exemple des rois prosternés à ses pieds. Une férocité grossière caractérise en même temps l'inimitié qu'il leur porte ; son ignoble pétulance perce sans cesse à travers le vernis mal-appliqué de la nouvelle cour, et les convenances ne sont pas moins outragées que les loix des nations. En vain quelques Princes se sont efforcés de l'adoucir par leur soumission, ou de le gagner par leurs services ; il sçait ce que leur coûtent ces soumissions forcées, et leurs services ne lui plaisent que parce qu'ils les avilissent.

Tel est cependant l'homme dont leur indécision consolide le pouvoir : c'est ce fatal systême qui seul sauve M. Bonaparte des suites de ses extravagances. Cependant le temps façonne insensiblement au joug les malheureux Français, qui perdent l'espoir de le briser ; et les rois s'usent tandis que l'usurpateur se fortifie. Lorsqu'il jugera le moment favorable de les attaquer séparément avec toutes les forces du midi, qu'ils lui laissent réunir, qu'auront-ils à lui opposer ? Des conseils incertains, des peuples mécontens, et une armée séduite.

N'est-il pas aisé déjà d'appercevoir combien son pouvoir a rendu ses forfaits populaires dans tous les rangs ? Chaque jour lui amène des prosélytes intéresssés ; et n'est-il pas raisonnable de supposer que le nombre des conversions secrettes est en proportion de celles qu'on rend publiques ? Tels ont été les progrès effrayans de cette épidémie morale, qu'elle a infecté même l'ordre que la sainteté de son caractère semblait devoir mettre hors d'atteinte, et qui dans les premiers temps avait donné des gages de sa fidélité. Des prêtres, des évêques ont pu accepter le salaire de l'usurpateur, et s'imposer, par leur nouveau serment de fidélité, l'obligation de lui découvrir les plus secrettes pensées du pénitent qui, s'accusant à leurs genoux, croit épancher son ame devant Dieu seul. Le Chef même de l'Eglise Romaine a reçu de lui l'investiture de ses états par l'entremise d'un évêque apostat ; et maintenant, par une réciprocité impie, ce même Pontife vient, au nom du Dieu dont il est le ministre, donner la sanction du Ciel aux crimes de la terre !

Après ces exemples de coupable faiblesse, qui peut-on croire à l'épreuve de la séduction? Les généraux, les gardes des rois, témoins des insultes répétées que leurs maîtres reçoivent de ces ambassadeurs à moustaches rehaussées, ne peuvent-ils pas se rappeller quelquefois que ces ambassadeurs, et celui qui les envoie, ne sont sortis de l'obscurité d'un bataillon que par une révolte? Les conseillers même les plus intimes des Souverains, leurs ministres les plus affidés peuvent espérer de trouver leur place dans une révolution; mais le sort de Charles I. et de Louis XVI. est le seul que les Rois doivent attendre. Comment ne voient-ils pas bien qu'il ne peut exister d'alliance entre des Princes légitimes et un Usurpateur, que leur existence est pour lui un reproche continuel, qu'il ne peut avoir que des complices ou des esclaves, et qu'enfin la perte d'un des partis peut seule faire la sureté de l'autre?

Que font-ils cependant pour raffermir la fidélité chancelante de leurs partisans? Sentent-ils enfin la nécessité d'opposer une digue au torrent, et d'arrêter les progrès de l'erreur, en détruisant le pouvoir qui se fait un principe et une vertu de la propager?

Loin de là ; les violences, la fourbe par les-
quelles l'usurpateur ajoute chaque jour à son
empire, excitent à peine un léger mouvement d'humeur qu'on dissimule bien vîte, et
chacun cherche à prolonger sa tranquillité
précaire en sacrifiant un faible allié. En vain
l'Angleterre offre aux grandes Puissances son
exemple et son assistance ; l'égoïsme du Continent l'isole encore plus que les mers qui
l'environnent.

Qu'on n'imagine pas ici que la fragilité du
pouvoir de M. Bonaparte diminue la grandeur du péril : le règne de l'erreur est ordinairement de courte durée, il est vrai ; mais
aussi le temps la consacre souvent, lorsqu'on
néglige de l'étouffer de bonne heure. La
chûte du tyran semble prochaine : mais
qu'importe sa chûte à la France, à l'Europe,
et à ses Rois, si elle n'est suivie du rétablisse-
ment du Souverain légitime ? Roberspierre
et Barras ont bien été inutilement précipités
de leurs trônes usurpés. D'ailleurs si cet
homme dévore ses ressources avec la rapidité
de la flamme, un poison secret attaque et
mine l'existence même des Rois ; s'il paraît
tout oser, ils semblent tout craindre : le sort
du monde dépendrait-il donc de cette lutte
entre l'audace et la pusillanimité ?

Dans de semblables circonstances les travaux que nous nous proposons pourront peut-être avoir quelque utilité : la voix la plus faible qui avertit du danger, ou qui annonce la délivrance, peut, même dans le désert, rencontrer une oreille attentive ; le bruit le plus léger a souvent éveillé l'homme endormi sur les bords d'un précipice.

FIN DE L'AVANT-PROPOS.

De l'Imprimerie de W. Spilsbury, 57, Snowhill.

Dans de semblables circonstances les travaux que nous nous proposons pourront peut-être avoir quelque utilité : la voix la plus faible qui avertit du danger, ou qui annonce la délivrance, peut, même dans le désert, rencontrer une oreille attentive ; le bruit le plus léger a souvent éveillé l'homme endormi sur les bords d'un précipice.


## FIN DE L'AVANT-PROPOS.

De l'Imprimerie de W. Spilsbury, 57, Snowhill.

# BUDGET DE L'AN XI.

## RECETTE.

| | | |
|---|---|---|
| 1. *Reste du produit des revenus de l'an 10* .. | | 2,000,000. |
| 2. Contribution foncière, en principal, des cent huit départemens ............... 220,000,000. | | |
| 3. ———— mobiliaire personnelle et somptuaire ..................... 32,800,000. | | |
| 4. Centimes additionnels sur l'une et l'autre contribution, versés au trésor public pour le paiement des dépenses fixes de l'administration et de l'ordre judiciaire dans les départemens .................. 15,783,000· | | 302,283,000. |
| 5. Portes et fenêtres ............... 16,000,000. | | |
| 6. Patentes ................. 17,506,000, | | |
| 7. *Régie de l'enregistrement et des domaines, y compris le revenu net des bois nationaux dans les cent huit départemens.* | | 190,000,000. |
| 8. *Douanes* ....................... | | 40,000,000. |
| 9. Administration des postes .............. | | 11,000,000. |
| 10. Loterie nationale .................. | | 12,000,000. |
| 11. Régie des salines ................. | | 3,500,000. |
| 12. *Cautionnement des greffiers des justices de paix* ........ | | 4,000,000. |
| 13. Recettes diverses et accidentelles ............. | | 4,717,000. |

|  |  |
|---|---|
| | 569,500,000. |
| RECETTE EXTÉRIEURE .......... | 20,000,000. |
| Total general ... | 589,500,000. |

## DÉFICIT

*Sur les Années 12 et suivantes.*

*Article* 1. A déduire en entier comme particulier au service de l'an XI. ........................ 2,000,000.

*Article* 7. A déduire, le produit supposé des ventes de domaines, considérés ailleurs comme ressource extraordinaire, 45,000,000.

*Article* 8. A réduire au montant des produits de l'an IX, qui était de 18,862,511 : reste à déduire ......... 21,137,489·

*Article* 9. Ditto : le produit de l'an IX était de 8,266,335 : reste à déduire .................... 2,733,965.

*Article* 12. est une somme une fois payée, de la nature des finances de places, et dont on paie l'intérêt : à déduire en entier ..................... 4,717,000.

Il reste enfin à déduire l'article Recette extérieure, ci ...... 20,000,000.

TOTAL DU DÉFICIT .... 95,588,154·

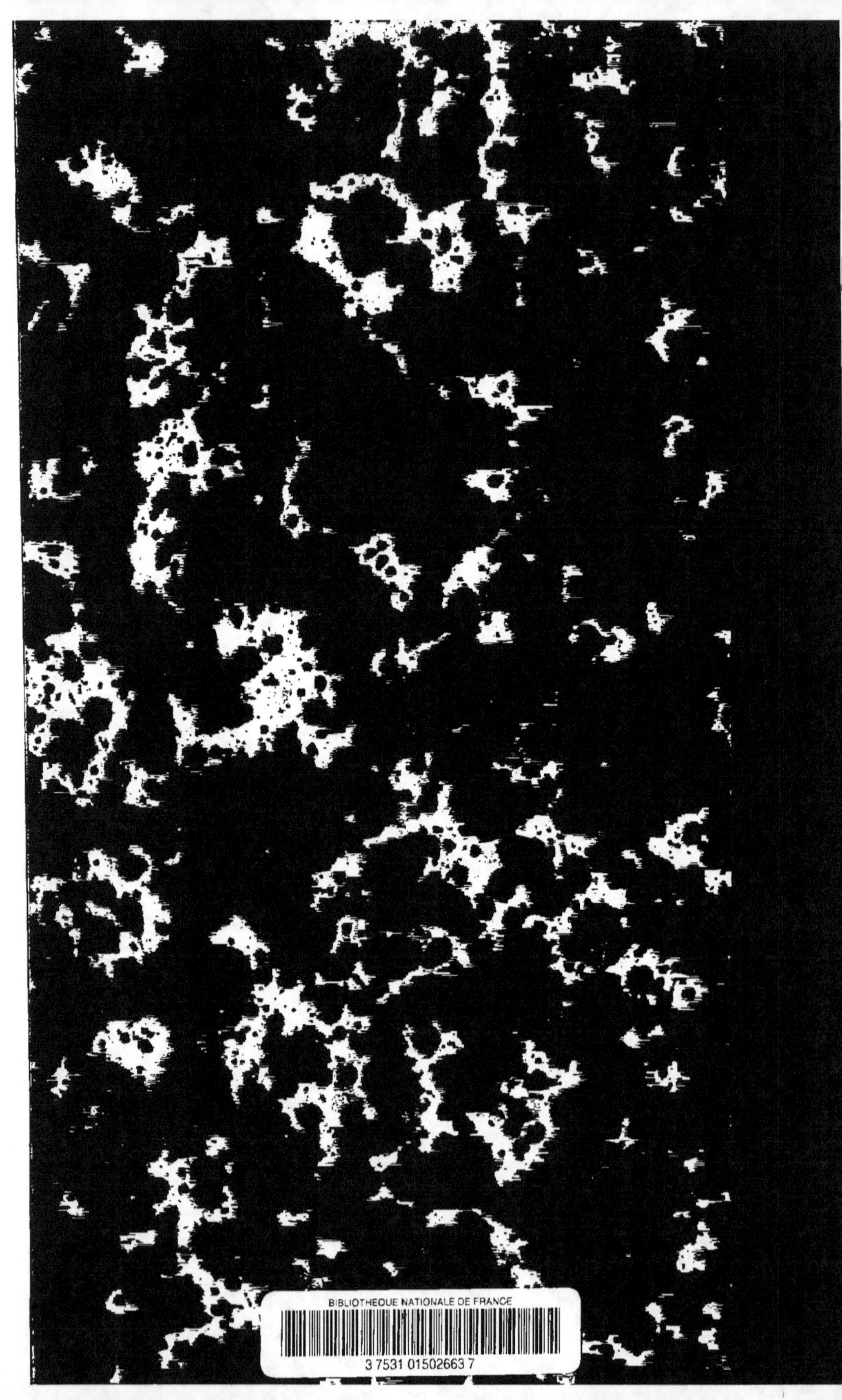
BIBLIOTHEQUE NATIONALE DE FRANCE
3 7531 01502663 7

www.ingramcontent.com/pod-product-compliance
Lightning Source LLC
LaVergne TN
LVHW010331030726
842520LV00004B/1394